**ANALIZA KSIĄŻKI**

AF142047

Fahrenheit 451
. . . .

Ray Bradbury

ANALIZA KSIĄŻKI

Napisany przez Anne-Sophie De Clercq
Przetłumaczony przez Kâmil Kowalski

Fahrenheit 451

Ray Bradbury

RAY BRADBURY   **5**

Amerykański powieściopisarz, autor opowiadań, dramaturg,
poeta i scenarzysta   5

FAHRENHEIT 451   **6**

Spojrzenie na społeczeństwo   6

PODSUMOWANIE   **7**

Budzące się sumienie   7
Początek buntu   8

STUDIUM POSTACI   **10**

Guy Montag   10
Kapitan Beatty i strażacy   11
Mildred Montag   12
Clarisse McClellan   12
Faber   13

ANALIZA   **14**

Dystopijna powieść science fiction   14
Kontrola polityczna, cenzura i palenie książek   15
Potęga mediów i znikanie książek   18

DALSZA REFLEKSJA   **20**

Kilka pytań do przemyślenia…   20

DALSZE CZYTANIE   **21**

Wydanie referencyjne   21
Adaptacje   21

RAY BRADBURY

AMERYKAŃSKI POWIEŚCIOPISARZ, AUTOR OPOWIADAŃ, DRAMATURG, POETA I SCENARZYSTA

- **Urodzony w Waukegan (Illinois) w 1920 r.**

- **Zmarł w Los Angeles w 2012 r.**

- **Godne uwagi prace:**

  - *Mroczny karnawał* (1947), zbiór opowiadań

  - *Kroniki Marsjańskie* (1950), powieść

  - *Fahrenheit 451* (1953), powieść

Ray Douglas Bradbury był powieściopisarzem, autorem opowiadań, poetą i scenarzystą urodzonym w Stanach Zjednoczonych w 1920 roku i jest jednym z najbardziej znaczących pisarzy science fiction i fantasy XX wieku. Jego pierwsze opowiadania zostały opublikowane w 1938 roku w fanzinie, a pierwszą książką, wydaną w 1947 roku, był zbiór opowiadań zatytułowany *Dark Carnival*. Jego najbardziej znane dzieła to *Kroniki Martina* (1950) i *Fahrenheit 451* (1953).

Bradbury ma swoją gwiazdę na Hollywood Boulevard i nagrodę noszącą jego imię: Ray Bradbury Award for Outstanding Dramatic Presentation. Nagroda została po raz pierwszy wręczona w 1992 roku i przyznawana jest dziełom z gatunku science-fiction (kinowym, telewizyjnym, teatralnym, radiowym itp.).

FAHRENHEIT 451

SPOJRZENIE NA SPOŁECZEŃSTWO

- **Gatunek:** powieść science fiction
- **Wydanie referencyjne:** Bradbury, R. (1995) *Fahrenheit 451*. Paris: Denoël.
- **Pierwsze wydanie:** 1953
- **Tematy:** literatura, cenzura, władza, wolność, bunt, pranie mózgu

Fahrenheit 451, opublikowany najpierw w formie seryjnej, a następnie jako tom w 1953 roku w Stanach Zjednoczonych, to powieść dystopijna, przedstawiająca wizję przyszłego świata, który jest całkowicie negatywny, w 1954 roku otrzymała ona nagrodę Hugo dla najlepszej powieści.

Opowiada ona historię strażaka o imieniu Montag. Żyje on w nieokreślonym czasie i miejscu, w zestandaryzowanym społeczeństwie, gdzie szczęście ludności jest najważniejsze i skupione na ekranach, które są obecne w każdym domu. Jedno niebezpieczeństwo zagraża spokojowi istot ludzkich: książki. Książki mają moc wywoływania szkodliwych uczuć i wyzwalania negatywnych myśli. Wraz z kolegami Montag ma za zadanie je palić: 451, w stopniach Fahrenheita, to temperatura, w której zapala się papier.

PODSUMOWANIE

BUDZĄCE SIĘ SUMIENIE

Guy Montag i jego żona, Mildred, w pełni odpowiadają zaproponowanemu im modelowi. W rzeczywistości Montag jest szczególnym rodzajem strażaka: wraz ze swoją drużyną jest odpowiedzialny za palenie książek. Wszystkie książki są w mieście zakazane: nie można ich ani czytać, ani posiadać. Nie interesują one również nikogo, gdyż każda osoba jest schowana w swoim domu ze słuchawkami w uszach, siedząc przed ekranami, które wypełniają ściany jej salonu.

Mimo to Montag ma skłonności buntownicze, które nieco wzmacnia częste spotykanie w sąsiedztwie dziwnej i nonkonformistycznej młodej kobiety, Clarisse McClellan, która uwielbia spacerować, rozmawiać, spędzać czas na rozmyślaniu, a przede wszystkim czytać. Dzieli się ona z Montagiem swoimi ideami i wprowadza go w świat lektur, ale nie mija wiele czasu, gdy znika (niektórzy twierdzą, że umarła). Tak więc pewnego dnia, z impulsywnej ciekawości, strażak bierze kilka książek z ogniska, które musi rozniecić i ukrywa je w swoim domu, nie mówiąc o tym swojej żonie. Następnie zachęca żonę do obejrzenia jednego z przyniesionych do domu tomów i wbrew jej woli czyta jej niektóre fragmenty. Od tej pory swoje zadania wykonuje coraz bardziej niechętnie.

Teraz Montag regularnie kwestionuje strukturę otaczającego go świata, a także zachowanie swojej żony i kolegów, którzy nie zdają sobie sprawy z prania mózgu, którego są ofiarami, a także z gotującej się wojny.

Zaalarmowany reakcjami Montaga kapitan Beatty interweniuje i wyjaśnia genezę i znaczenie swojej funkcji: nie ma on jeszcze pojęcia o niebezpiecznej drodze, którą podąża.

POCZĄTEK BUNTU

Montag wznawia wówczas kontakt z Faberem, emerytowanym profesorem języka angielskiego, którego poznał rok wcześniej w parku i z którym potajemnie rozmawiał o poezji. Razem planują przedruk książek, a Faber dostarcza Montagowi słuchawkę, która pozwoli im pozostać w stałym kontakcie: mogłoby to być bardzo przydatne do destabilizacji reżimu poprzez szpiegowanie strażaków.

Mało tego, kapitan Beatty podejrzewa Montaga o odzyskiwanie książek. Montag zdaje sobie z tego sprawę, ale próbując podnieść świadomość otoczenia, nakłania do czytania znajomych żony, którzy widząc jego złość, zgadzają się. Później, gdy Montag jest w remizie strażackiej, orientuje się, że brygada została wezwana do nowej interwencji, wymierzonej w jego własny dom. Wkrótce odkrywa, że został zgłoszony przez Mildred i jej przyjaciół.

Zastraszony przez Beatty'ego, Montag jest zmuszony do wykonania swojej misji i obrócenia własnego domu w popiół po odejściu Mildred. Operuje miotaczem ognia niczym robot, lecz w nagłym wybuchu świadomości odwraca go w kierunku swojego kapitana, po czym ucieka.

Teraz uznany za przestępcę, jest ścigany przez robota Ogara, pół psa, pół pszczołę z żądłem, które wstrzykuje dawki prokainy (środek znieczulający) tym, których śledzi. Montagowi udaje się zdezorientować robota i z dużą dozą szczęścia dociera do rzeki. Daje się ponieść nurtowi, a następnie podąża wzdłuż szyn starych torów kolejowych.

W końcu spotyka grupę byłych profesorów uniwersyteckich, wyrzutków społecznych, którzy żyją w małych wędrownych społecznościach wzdłuż linii kolejowej. Każdy z nich zna na pamięć jakiś tekst, ratując go w ten sposób od zapomnienia. Kiedy przychodzi do nich dołączyć, wybucha wojna, a bomba spala pozostawione przez Montaga miasto, dając nadzieję ocalałym na zbudowanie innego świata.

STUDIUM POSTACI

GUY MONTAG

Guy Montag ma trzydzieści lat i mieszka wygodnie wraz z żoną, Mildred, w jednym ze standardowych domów w spokojnym miasteczku. Jest strażakiem: wraz z kolegami odpowiada za palenie książek, które są zakazane. Początkowo wykonuje swoje zadanie z dumą i przyjemnością, uważając, że jest przydatny społeczeństwu. Wkrótce jednak decyduje się na kradzież książek i dzięki nim oraz rozmowom z Clarisse McClellan stopniowo uświadamia sobie, że inny świat jest możliwy. Próbuje przedstawić te możliwości swojej żonie, a następnie jej znajomym, lecz bez powodzenia. Montag zwraca się do dawnego nauczyciela, Fabera, który ma w planach ponowne wydanie brakujących tomów. W dniu swojej ostatniej interwencji Montag musi spalić własny dom (symbol życia, które tam prowadził). Robi to, a następnie zabija swojego kapitana, po czym ucieka jako przestępca i dołącza do społeczności intelektualistów, którzy zapamiętali teksty, aby je zachować.

Ewolucję głównego bohatera możemy śledzić w trzech fazach, które odpowiadają trzem częściom tekstu:

- Na początku jest zwykłym obywatelem, który stopniowo uświadamia sobie, że jego szczęście jest sztuczne;

- Stara się dzielić swoimi przemyśleniami i skutecznie reagować;

- Wreszcie podejmuje działania, decydując się na zostanie banitą.

Imię Montag przywołuje księżyc ("Montag" to niemieckie słowo oznaczające "poniedziałek", dzień księżyca), który jest ogólnie związany z wodą i pływami, i jest przeciwstawiany słońcu, a więc ogniowi i destrukcyjnej funkcji strażaków. Przebudzenie bohatera jest również związane z księżycem, gdyż w noc pierwszego spotkania z Clarisse, patrzy on w górę na księżyc i wydaje się, że naprawdę widzi go po raz pierwszy. Jest to wielokrotnie wspominane w pierwszej części powieści.

KAPITAN BEATTY I STRAŻACY

Strażacy są odpowiedzialni za niszczenie wszelkich tekstów pisanych i każdego, kto próbuje stanąć im na drodze. Znamy nazwisko trzech strażaków, którzy współpracują z Montagiem: Kapitan Beatty, Black i Stoneman. Wszyscy trzej są przekonani, że ich zawód pozwala utrzymać porządek i szczęście w społeczeństwie, ponieważ paląc książki, eliminują wszelkie wywrotowe idee i zakłócenia, które mogą zaszkodzić spokojowi współobywateli. Ponadto każda z tych trzech postaci nosi nazwisko o negatywnych konotacjach.

Kapitan jest wykształcony: zna książki, przeczytał kilka z nich i potrafi je cytować. Wykorzystuje swoją wiedzę do zmiany poglądów Montaga, gdy ten się buntuje i do uzasadnienia działania społeczeństwa.

MILDRED MONTAG

Żona Montaga – Mildred (którą nazywa Millie) jest, podobnie jak strażacy, całkowicie wyprana z mózgu. Najważniejsze dla niej jest to, aby stać ją było na czwarty ekran, który zajmie ostatnią pozostałą przestrzeń na ścianie jej salonu, aby w pełni żyć z "Rodziną" (grupą aktorów, którzy wchodzą z nią w wirtualne interakcje). Mildred zupełnie nie może zrozumieć zainteresowania męża książkami, myśleniem i rozrywką; ze strachu kończy się to wydaniem go.

CLARISSE MCCLELLAN

Clarisse to siedemnastoletnia dziewczyna, która jest nonkonformistką, podobnie jak reszta jej rodziny. Wierzy w znaczenie dialogu, wymiany myśli, wędrówek itp. Wyróżnia się więc na tle reszty społeczeństwa, które jest pochłonięte technologią. Clarisse kontaktuje się z Montagiem i uświadamia mu, że można żyć inaczej, a jego funkcja strażaka jest bezsensowna, a nawet niebezpieczna dla prawdziwego dobrostanu intelektualnego i psychicznego człowieka.

Kiedy pojawia się w książce, słownictwo często skupia się na bieli i księżycu, co łączy ją semantycznie z Montagiem. Jej imię również nawiązuje do jasności. Ona i Montag spotykają się zawsze w nocy, kiedy strażak wraca z pracy do domu, co jest najlepszą porą na marzenia, ucieczkę i myślenie (czego Mildred nie może wiedzieć, gdyż jest stale podłączona do słuchawek). Clarisse jest przeciwstawną postacią kobiecą do Mildred i jej przyjaciół, którzy są bardzo zadowoleni ze świata, w którym żyją.

FABER

Faber, podobnie jak Clarisse i Montag, jest wolnym duchem. Były profesor języka angielskiego, przez wiele lat ukrywał swoją miłość do książek, zaszywając się w swoim domu. Pewnego dnia spotyka Montaga i rozmawia z nim o poezji. Rok później pomaga Montagowi uświadomić sobie wagę tekstów i ich przetrwania.

ANALIZA

DYSTOPIJNA POWIEŚĆ SCIENCE FICTION

Fahrenheit 451 został napisany w czasie pierwszego złotego wieku science fiction w Stanach Zjednoczonych (1920-1950). Bradbury jest uważany za jednego z mistrzów gatunku, choć nigdy nie twierdził, że jest częścią tego ruchu (uważa *Fahrenheit 451* za swoją jedyną powieść science fiction, reszta utworów jest bardziej związana z gatunkiem fantasy).

> 👁 **DOBRZE WIEDZIEĆ:**
> **SCIENCE FICTION, FANTASY I CUDA**
>
> Termin science fiction jest używany, gdy tekst opisuje zmienioną rzeczywistość, jak w przypadku *Fahrenheita 451*. Powieści takie jak *Harry Potter* należą do gatunków fantasy lub magicznych, ponieważ opisują nierealny lub magiczny świat. Gatunki te są nadal odróżniane od gatunku fantastycznego, który przedstawia znaną rzeczywistość, która stopniowo przybiera formę nierzeczywistości i przedstawia niewytłumaczalne aspekty. Do tej kategorii należy *Horla* autorstwa Maupassanta.

Fahrenheit 451 to powieść science fiction i dystopijna: autor wyobraża sobie społeczeństwo, które jest możliwe, ale w żaden sposób nie jest idealne. W jego tekście czytelnikowi jest przedstawiona krytyka społeczeństwa jego czasów, naszego dzisiejszego społeczeństwa i tego, co grozi nam w przyszłości. Narrację tę można porównać do tekstów takich jak *Nowy Wspaniały Świat* Aldousa Huxleya (angielski pisarz, 1894-1963), opublikowany w 1932 roku lub *Rok 1984* George'a Orwella (angielski pisarz, 1903-1950), opublikowany w 1949 roku.

 ## DOBRZE WIEDZIEĆ

Rok 1984 to powieść science fiction autorstwa George'a Orwella, która opisuje świat pogrążony w wojnie, rządzony przez trzy supermocarstwa. Autor przedstawia jedno z nich, Oceanię, jako totalitarne uniwersum dyktowane żelazną pięścią Wielkiego Brata i Partii.

Akcja *Nowego Wspaniałego Świata* rozgrywa się w Londynie przyszłości. Społeczeństwo jest zorganizowane według klas społecznych, sztywne i drakońskie. Równowaga opiera się na praktyce chemicznego i psychologicznego warunkowania jednostek.

KONTROLA POLITYCZNA, CENZURA I PALENIE KSIĄŻEK

Bradbury opublikował swoją powieść w 1953 roku, w czasie gdy senator McCarthy (1908-1957) rozpoczął polowanie na czarownice przeciwko komunistom i, bardziej ogólnie, przeciwko intelektualistom w Stanach Zjednoczonych. Na początku zimnej wojny istniała jedna myśl i zachęcano do denuncjacji (wspieranej przez otaczającą paranoję) w celu zachowania pokoju i spokoju domowego, jak w powieści Bradbury'ego.

👁 DOBRZE WIEDZIEĆ: MAKKARTYZM

Makkartyzm (nazwany na cześć senatora USA Josepha McCarthy'ego) był polityką prześladowania i spychania na margines każdej osoby podejrzanej o komunistyczne sympatie w Ameryce w latach 50-tych. Realizowany w klimacie psychozy i kontekście zimnej wojny (stan napięcia między Stanami Zjednoczonymi a komunistycznym ZSRR w latach 1945-1990), przypominał polowanie na czarownice.

Tekst może odnosić się do każdego reżimu totalitarnego: hitlerowskiego, chińskiego, koreańskiego itp. Jest więc zawsze aktualny, zwłaszcza że akcja rozgrywa się w nieokreślonym miejscu i czasie, ale przypomina niedaleką przyszłość, w której wiele z wymienionych przedmiotów znajdujemy wokół siebie, np. monitory, metro itp.

Istotnie, cenzura, czyli ograniczenie (lub wyeliminowanie) wolności opinii i wypowiedzi, jest bronią, którą posługują się wszystkie reżimy totalitarne lub obskuranci. Jest ona praktykowana na kilka sposobów: a priori (przed publikacją) lub posteriori, implicite (w okresie McCarthy'ego przejawiała się groźbami odrzucenia) lub explicite (regulowana prawem). W tym ostatnim przypadku jest ona wyraźnie wymierzona przeciwko książkom lub obrazom przeznaczonym do celów religijnych lub politycznych, a osoby odpowiedzialne za nią mogą być karane przez prawo.

W *"Fahrenheicie 451"* cenzura jest doprowadzona do skrajności, ponieważ dotyczy wszystkich książek, bez względu na to, czym są. Bardziej niż treść, kwestionowane jest medium, środek wyrazu – właśnie to, co symbolizuje kulturę i rozwój ludzkości. Fakt palenia książek przypomina praktykę auto--da-fé (od hiszpańskiego "auto da fe", czyli "akt wiary"). Praktyka ta, która pojawiła się po raz pierwszy w średniowieczu, polegała na paleniu książek uznanych za heretyckie lub pogańskie. W czasach inkwizycji auto-da-fé oznaczało palenie na stosie osób oskarżonych o herezję.

W nowszej historii naziści również zorganizowali palenie książek na dużą skalę, począwszy od 1933 roku, w kilku miastach niemieckich (najpierw w Berlinie, a później w Dreźnie, Bremie, Frankfurcie, Monachium itd.) Wszystkie książki, których autorami byli dysydenci lub Żydzi, były niszczone na ogromnych ogniskach wznoszonych na cześć reżimu Hitlera (niemiecki mąż stanu, 1889-1945). Głównym celem palenia były dzieła Karola Marksa (niemiecki teoretyk socjalizmu i rewolucjonista, 1818-1883), Zygmunta Freuda (austriacki lekarz i twórca psychoanalizy, 1856-1939), Heinricha Manna (niemiecki pisarz, 1871-1950), Stefana Zweiga (austriacki pisarz, 1881-1942) i Bertolta Brechta (niemiecki poeta i dramaturg, 1898-1956).

Mówiąc bardziej ogólnie, cenzura jest ściśle związana z kwestią wolności słowa. Kwestia ta jest wciąż aktualna we wszystkich krajach świata, także w ramach reżimów demokratycznych:

- W Stanach Zjednoczonych w niektórych piosenkach słowa, które mogą urazić wrażliwość młodszych słuchaczy, są cenzurowane i zastępowane "sygnałami dźwiękowymi";

- Wraz z pojawieniem się nowych technologii informacyjnych i komunikacyjnych, strony takie jak Wikileaks (publikujące anonimowo poufne dokumenty) są regularnie źródłem kontrowersji;

- W Chinach dostęp do niektórych stron internetowych jest niemożliwy, podobnie jak na Kubie i w Korei Północnej, gdzie wszystkie połączenia komunikacyjne z zewnątrz są praktycznie zerwane;

- Robert Saviano (ur. 1979), autor *Gomorry,* książki potępiającej działalność Camorra (neapolitańska mafia) otrzymał groźby śmierci po opublikowaniu swojej powieści i obecnie żyje pod ochroną policji; wielu włoskich sędziów i dziennikarzy zostało już straconych za to, że ośmielili się mówić o mafii;

- Wielu ludzi zostało aresztowanych na całym świecie za wyrażanie poglądów, które nie podobały się panującej władzy: są oni znani jako więźniowie sumienia.

POTĘGA MEDIÓW I ZNIKANIE KSIĄŻEK

Fahrenheit 451 stawia pytania o dyktaturę polityczną i intelektualną:

- Po pierwsze, dyktatura polityczna, bo bohaterowie ewoluują w sztywnym świecie, gdzie zachęca się do donosicielstwa, gdzie pewne czyny są surowo karane, gdzie wszyscy muszą myśleć tak samo itd.

- Po drugie, dyktatura intelektualna, ponieważ jednym z czynów zabronionych jest czytanie (i posiadanie) książek. Lepiej trwać przed ekranami, słuchać wszechobecnych reklam w środkach komunikacji miejskiej lub jeździć z dużą prędkością, niż poświęcić czas na czytanie, myślenie i dyskutowanie ze współobywatelami, co może osłabić wspólne myślenie, a tym samym powszechną szczęśliwość.

Powieść została wydana w 1953 roku, ale możemy wyciągnąć analogię do naszego obecnego społeczeństwa. Od czasu pojawienia się telewizorów w domach, każdy człowiek spędza coraz więcej czasu przed małym ekranem. Rozwój komputerów w ostatnich dwudziestu latach wygenerował podobne zachowania. Podobnie jak w *Fahrenheit 451*, pojazdy stają się coraz szybsze. Coraz rzadziej też ludzie przebywają bez słuchawek na uszach (lub podróżują bez telefonu komórkowego, co jest elementem nieobecnym w książce).

W tym społeczeństwie natychmiastowości, zdominowanym przez media i reklamę, przeszłość i przyszłość nie mają już znaczenia:

• Strażacy, których funkcja jest odwrotna niż ta, którą znamy obecnie, zapomnieli o genezie swojego zawodu;

• Mildred nie pamięta już, jak poznała Montaga;

• Ludzie nie przejmują się już tym, co może ich spotkać (wojna itp.), bo nie mają świadomości otaczającego ich świata.

Ta wszechobecność mediów i technologii rodzi pytania o przetrwanie książek. Często mówi się, że ludzie już nie czytają, że książka jest obiektem zagrożonym i że nikt nie jest już w stanie myśleć samodzielnie, szukać informacji czy porównywać pomysłów. Jednak niektórzy intelektualiści (np. Umberto Eco) upierają się przy tym, że czytanie jest czynnością, która istniała od zawsze. Czytanie, choć w różnych formach zanikło, nie ma zamiaru zniknąć, mimo dużej obecności mediów. Platformy medialne przechodzą obecnie wiele zmian, a tekstów dostępnych w formacie cyfrowym jest coraz więcej.

DALSZA REFLEKSJA

KILKA PYTAŃ DO PRZEMYŚLENIA...

- Jakie znaczenie kryje się za nazwiskiem Montag?

- Poprzez ich nazwiska możemy się domyślać, że koledzy Montaga (Black, Stoneman i Beatty) są bohaterami negatywnymi. Wyjaśnij, dlaczego tak jest.

- Dlaczego to właśnie książki są zakazane?

- Wyjaśnij, dlaczego ten tekst należy do gatunku science fiction.

- Co Bradbury krytykuje poprzez swoją twórczość?

- Jaki związek można ustalić między tym dziełem a Makkartyzmem?

- Czy ten tekst można zastosować do każdego reżimu totalitarnego? Uzasadnij swoją odpowiedź i podaj przykłady krajów, w których wolność słowa jest do dziś uciskana.

- Porównaj podejście Bradbury'ego z podejściem w *Roku 1984* George'a Orwella i *Nowym Wspaniałym Świecie* Huxleya.

- Jakie paralele można wyciągnąć między tą pracą a naszym obecnym społeczeństwem?

DALSZE CZYTANIE

WYDANIE REFERENCYJNE

Bradbury, R. (1995) *Fahrenheit 451*. Paris: Denoël.

ADAPTACJE

Fahrenheit 451. (1966) [Film]. François Truffaut. Reż. UK: Anglo Enterprises.

Chcemy usłyszeć od Ciebie, co się dzieje!
Zostaw komentarz na temat swojej internetowej biblioteki
i podziel się swoimi ulubionymi książkami w mediach społecznościowych!

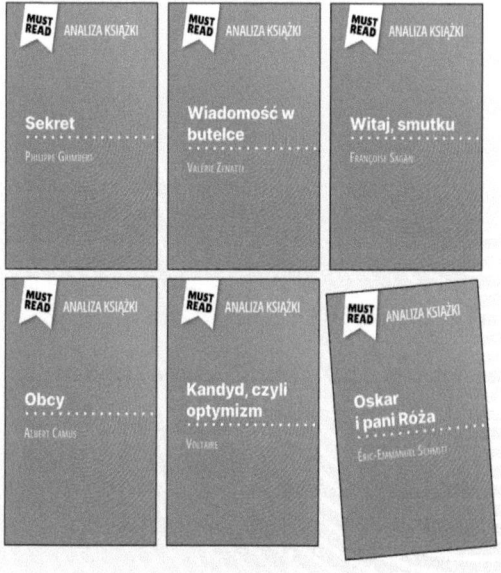

Wydawca zapewnia o wiarygodności publikowanych informacji, co jednak nie może wiązać się z jego odpowiedzialnością.

www.50minutes.com

Master ISBN: 9782808693523
Papierowy ISBN: 9782808614924
Depozyt prawny: D/2023/12603/1772

Verhaal: © Primento

Projekt cyfrowy: Primento, cyfrowy partner wydawców.